FRAN FRANCO
@RECURSOSEP

ILUSTRACIONES DE MARTUKA

MATES DIVERTIDAS CON LOS NÚMEROS LOCOS

SUMAS SENCILLAS

ALFAGUARA

¡HOLA!

CERO:
PEQUEÑO
Y GRACIOSO.

UNO:
ALEGRE
Y PACÍFICA.

DOS:
TRAVIESA
Y EXTROVERTIDA.

SEIS:
BROMISTA
Y DESPISTADA.

SIETE:
INTELIGENTE
Y OBSERVADOR.

OCHO:
CREATIVA
Y GOLOSA.

ESTE LIBRO
PERTENECE A:

SOMOS LOS
NÚMEROS LOCOS.

TRES:
PRESUMIDO
Y DEPORTISTA.

CUATRO:
CREATIVO
Y OPTIMISTA.

CINCO:
ESTUDIOSA
Y CARIÑOSA.

NUEVE:
DORMILONA
Y GENEROSA.

DIEZ:
DIVERTIDO
Y MUY SABIO.

EN **NUMERÓPOLIS** SIEMPRE ANDAMOS METIDOS EN LÍOS, PERO CON LAS MATES RESOLVEMOS... ¡TODOS LOS DESAFÍOS!

¿NOS ACOMPAÑAS EN
ESTA AVENTURA?

EN EL COLE DE LOS NÚMEROS LOCOS ACABA DE SONAR LA BOCINA.

¡VA A EMPEZAR
EL GRAN
CONCURSO
DE COCINA!
I ♥ MAT

SE PONEN LOS DELANTALES
Y UN GORRO EN LA CABEZA.

¿QUIÉN MONTARÁ LA TORRE MÁS ALTA DE HAMBURGUESAS?

EN LAS MESAS HAY UN MONTÓN DE INGREDIENTES.

PERO AÚN NO PUEDEN HINCARLES EL DIENTE...

HAY **8** PIMIENTOS EN REMOJO: **7** VERDES Y **1** ROJO.

HAY **7** CEBOLLAS DE ENSALADA: **5** BLANCAS Y **2** MORADAS.

HAY **5** TOMATES RECIÉN COSECHADOS: **4** ENTEROS Y **1** CORTADO.

HAY **6** BOTES DE SALSA:
3 DE KÉTCHUP
Y **3** DE MOSTAZA.

DESPUÉS SE HACEN LAS PAREJAS AL AZAR.

¡YA ESTÁN PREPARADOS PARA PARTICIPAR!

OCHO Y DOS TERMINAN
Y PULSAN EL BOTÓN.

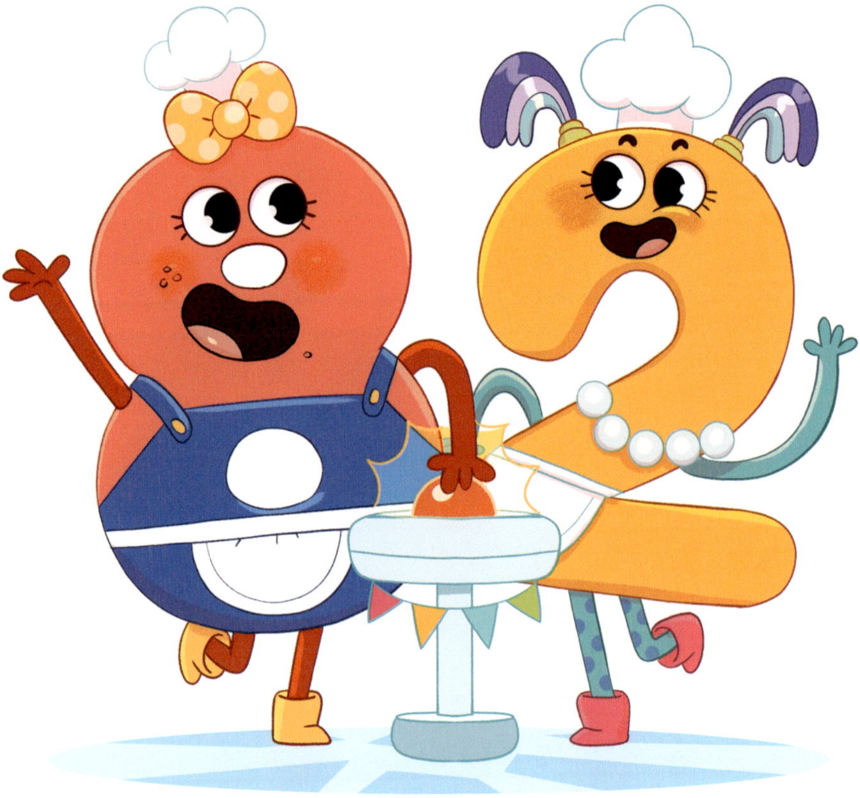

Y APARECEN **10** PUNTOS
EN SU MARCADOR.

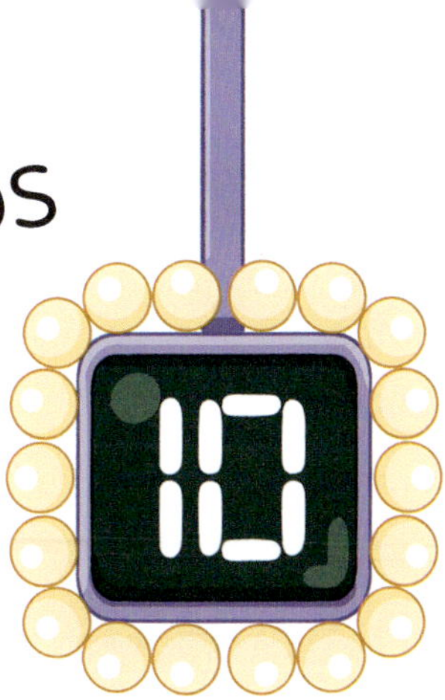

TRES Y **SEIS** ACABARON
HACE YA UN BUEN RATO.

HAY UNA
HAMBURGUESA
DE **9** PISOS EN
SU PLATO.

12 PUNTOS LOGRAN
ENTRE **CINCO** Y **SIETE**.

¡LES HA QUEDADO DE RECHUPETE!

UNO Y **DIEZ** CONSIGUEN GANAR **11** PUNTOS.

¡HAN HECHO
UNA ENORME
HAMBURGUESA
JUNTOS!

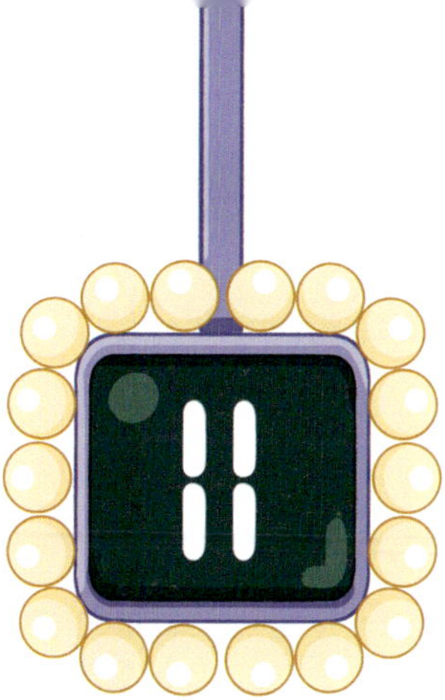

NUEVE Y CUATRO
TERMINAN Y SALTAN.

¡Y APARECE UNA TORRE DE **13** PLANTAS!

TODOS ESPERAN EL
RESULTADO CON NERVIOS
E ILUSIÓN.

¿CUÁL DE LAS PAREJAS GANARÁ LA COMPETICIÓN?

CERO HUELE LA PIMIENTA
Y ESTORNUDA MUY FUERTE.

LA TORRE MÁS ALTA COMIENZA A MOVERSE.

LOS NÚMEROS,
JUNTOS, SOPLAN
POR LOS LADOS.

¡LA HAMBURGUESA, POR SUERTE, SE HA SALVADO!

AUNQUE HAN GANADO **CUATRO** Y **NUEVE**, NADIE HA TIRADO LA TOALLA.

COMO HAN
TRABAJADO
EN EQUIPO...

¡TODOS
RECIBEN SU
MEDALLA!

PARA ACABAR, LA MAESTRA HACE **UNA FOTO.**

DEL ESTORNUDO, CERO HA SALIDO CON UN MOCO.

¿QUÉ HEMOS APRENDIDO?

EN ESTA AVENTURA HEMOS APRENDIDO QUE CUANDO JUNTAMOS ELEMENTOS **ESTAMOS SUMANDO**.

6+3=9

2+8=10

1+10=11

5+7=12

9+4=13

¿CÓMO USAR ESTE LIBRO?

Leer libros ilustrados con nuestros pequeños es fundamental para estimular la **imaginación**, desarrollar la **comprensión lectora**, ampliar el **vocabulario** y fomentar el **hábito de lectura** desde una edad temprana.

Con esta serie, los niños y las niñas podrán practicar la lectura mientras **aprendan conceptos matemáticos** sencillos.

Aquí tienes **ALGUNOS CONSEJOS** para disfrutar y aprovechar este libro al máximo:

LECTURA EN VOZ ALTA

Utiliza una **buena entonación** y, si es posible, **pon una voz diferente** para cada personaje. Esto hará que la historia sea más atractiva.

AMPLIACIÓN DEL VOCABULARIO

Haz énfasis en las **palabras nuevas** o en las que tú consideres interesantes; aprovecha para **explicar lo que significan** y **construid nuevas oraciones** con ellas.

ASIMILACIÓN DE CONCEPTOS MATEMÁTICOS

Al leer, **describid juntos** las escenas y los personajes. También es recomendable ir **contando** los elementos que aparecen en las ilustraciones y jugar con las propuestas que encontraréis al final del libro.

EXPLORACIÓN DE VALORES

En este libro, los valores de fondo son la **amistad** y la **cooperación**. Hablad sobre ellos y reflexionad sobre cómo están presentes en vuestras vidas.

FOMENTO DE LA CREATIVIDAD

Podéis **dibujar** una parte de la historia o **imaginar un final distinto**. Por ejemplo, «¿Qué pasará después en el concurso de cocina?».

REPETICIÓN DE LA LECTURA

Al **leer el libro varias veces**, se refuerza la **comprensión**, así como la interiorización de los conceptos, de las palabras y de los valores, y además se fomenta el **hábito de la lectura**.

JUGAMOS CON LAS MATES

Utilizar juegos y materiales manipulativos ayuda a que las niñas y los niños **comprendan** mejor los conceptos y a que afiancen sus habilidades matemáticas. De este modo, las matemáticas resultan más accesibles y atractivas, y ellos pueden ganar confianza en su **capacidad para resolver problemas** matemáticos de manera autónoma.

Aquí tenéis **ALGUNOS JUEGOS** relacionados con el concepto de la suma. Son muy divertidos y resultan fáciles de organizar tanto en casa como en el aula.

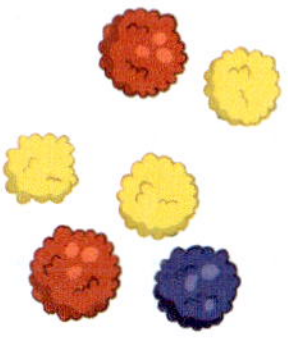

JUEGO 1

CONSTRUIMOS UNA MÁQUINA DE SUMAR

- Solo necesitaréis **una caja de zapatos**, **dos tubos de los rollos de papel higiénico**, **cinta adhesiva ancha**, **un rotulador de pizarra** y **pompones** u otros objetos. Es importante que el rotulador sea de pizarra para que se pueda borrar.

- Si queréis que quede más bonita, podéis forrar la caja y los rollos o pintarlos como más os guste.

- Colocad una tira de **cinta adhesiva alrededor de los tubos para que podáis escribir en ellos con el rotulador y borrar después**.

JUGAMOS CON LAS MATES

- Pegad los tubos en la parte interior de la tapa de la caja y dibujad el símbolo «+» entre ellos, como se ve en el dibujo. En el frente de la caja, **dibujad el símbolo «=» y pegad un rectángulo de cinta para que se pueda escribir ahí el resultado de la suma**. ¡Ya tenéis lista vuestra máquina para poder sumar y jugar con las mates!

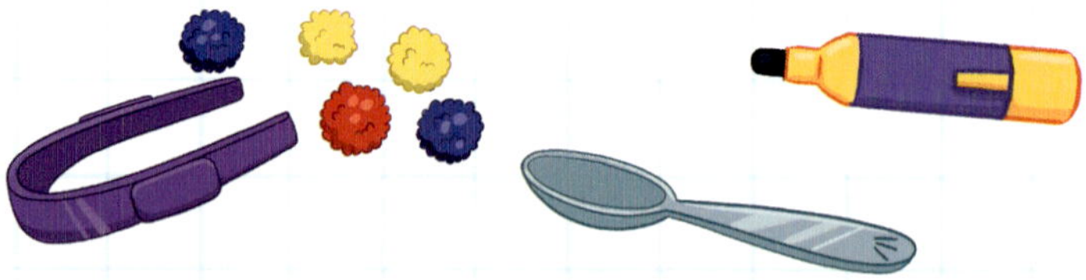

- Ahora, solo tendréis que **escribir en los tubos los números que se van a sumar**. Después, se deberá ir introduciendo en cada tubo el número de pompones que se indica. Para que sea más divertido, se pueden coger los elementos con una pinza o con una cuchara, y así también reforzaremos la motricidad fina.

- Finalmente, id contando **el número de pompones que hay en la caja y escribid el resultado sobre la cinta adhesiva**. Podréis vaciar la caja y borrar los números para realizar todas las sumas que queráis.

JUEGO 2

¿CUÁNTOS PUNTOS HAY EN TOTAL?

- Solo necesitaréis **unas fichas de dominó** y **entre dos y cuatro jugadores**.

- En cada ronda, **cada jugador elige una ficha de dominó al azar, cuenta cuántos puntos hay en cada mitad y los suma**. Para sumar esos números, el jugador puede contar el total de puntos que hay en la ficha. Los jugadores podrán representar esa suma en un papel usando los símbolos «+» e «=» y los propios números.

- **El jugador que haya obtenido el número mayor obtiene un punto** (que podemos representar, por ejemplo, con un garbanzo). Después de siete rondas, quien tenga más puntos (o garbanzos) gana la partida.

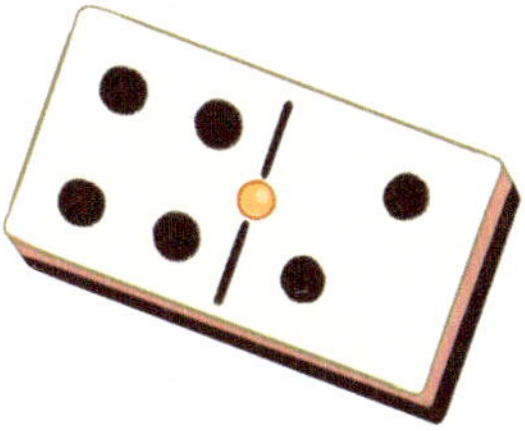

- Si no tenéis fichas de dominó, **podéis utilizar dos dados**, de modo que los jugadores los lancen por turnos, o una **baraja de cartas** de la que los jugadores vayan sacando parejas por turnos.

Papel certificado por el Forest Stewardship Council®

MIXTO
Papel
FSC® C117695

Penguin
Random House
Grupo Editorial

Primera edición: septiembre de 2024
Primera reimpresión: junio de 2026

Diseño de la cubierta y de los interiores: Penguin Random House Grupo Editorial / Lourdes Bigorra

Printed in Spain – Impreso en España

ISBN: 978-84-19688-74-3
Depósito legal: B-11.339-2024

Impreso en Liber Digital, S. L.
Casarrubuelos (Madrid)

AL 88743